RELATION

DE LA

FÊTE MILITAIRE

QUI A EU LIEU LE JOUR DE PAQUES, 3 AVRIL 1831, SUR LA CÔTE DE MONTCIEL, PRÈS DE LONS-LE-SAUNIER, A L'OCCASION DE LA REMISE A LA GARDE NATIONALE DU DRAPEAU ET DES DEUX PIÈCES DE CANON QUE SA MAJESTÉ A DONNÉS AU CHEF-LIEU DU JURA.

PAR COURBET FILS, IMPRIMEUR.

A LONS-LE-SAUNIER,

Chez Mme v^e TROUVÉ, libraire,

ET CHEZ LES LIBRAIRES DU DÉPARTEMENT.

1831.

FÊTE MILITAIRE.

C'est le jour de Pâques.... À peine le son de l'airain a-t-il retenti dans les airs pour la sixième fois, que le soleil, franchissant les cîmes du Jura, et resplendissant comme aux journées immortelles, s'avance avec majesté sur la cité Lédonéenne; chacun de ses rayons semble y multiplier ce glorieux étendard, l'orgueil de tous les cœurs vraiment français, et la terreur des ennemis de la liberté.

La huitième heure s'échappe, et quinze tambours annoncent bruyamment aux habitants de Lons-le-Saunier, qu'ils doivent faire leurs préparatifs pour la grande fête.

Il est midi : le rappel est battu pour la seconde fois dans toutes les rues et sur les places publiques; on voit alors chaque citoyen, paré de son uniforme national, et revêtu de ses armes, se hâter d'arriver à la place du Parc où doivent se réunir tous les corps.

Bientôt le cortège s'ébranle. Les musiciens ouvrent la marche en exécutant un air patriotique ; ils sont suivis par les sapeurs derrière lesquels les tambours sont placés sur trois rangs. Entre une double haie de sapeurs-pompiers s'avancent alors les autorités civiles et militaires, en costumes ou décorées du signe distinctif de leurs fonctions. Après elles, viennent les grenadiers et les chasseurs de la Garde nationale, précédés d'officiers de Gardes nationaux, et de sapeurs-pompiers de plusieurs villes du département, et suivis des grenadiers de la garnison ; vient ensuite la compagnie de gendarmerie. La marche est fermée par les artilleurs divisés en deux sections dont chacune accompagne une pièce attelée de quatre chevaux, fiers de porter les couleurs nationales ; les caissons viennent à la suite.

Ce nombreux et brillant cortège, accompagné d'une foule immense, se dirige vers la partie sud-ouest de la ville, et arrive en ordre au pied de la côte de Montciel (*) au sommet de laquelle on voit s'agiter une multitude innombrable. Là, deux chemins s'offrent à la vue ; l'un, conduisant vers la partie orientale de la côte, présente une inscription ainsi conçue : *Chemin des gens de pied : cette rampe est plus douce que celle des voitures ;* l'autre, situé sur le revers occidental, porte l'affiche suivante : *Chemin des voitures.* Le premier est envahi par une partie de la population de la ville et des campagnes, tandis que les troupes gravissent le second.

Arrivé sur l'esplanade, on aperçoit au loin une colonne pavoisée de drapeaux tricolores, et surmontée du buste de LOUIS-PHILIPPE. Les divers corps sont dirigés sur ce point, et vont former un carré autour de la pyramide sur laquelle sont inscrits les noms des quarante principales batailles gagnées par nos guerriers, et des capitales du monde où nos armées sont entrées victorieuses. Au centre du carré se trouvent les autorités, et un grand nombre de dames dont l'élégante et riche toilette est le moindre ornement qu'elles apportent à cette fête patriotique.

La musique de la garde nationale ayant exécuté plusieurs airs nationaux, M. ROUILLÉ-D'ORFEUIL, préfet du Jura, s'exprime en ces termes :

BRAVES GARDES NATIONALES,

« L'horizon politique est tel que, d'un moment à l'autre, la France

(*) Il est impossible de trouver dans toute la France un plus beau site que celui de la côte de Montciel ; de là, on touche au premier plateau du Jura. L'esplanade peut contenir cent mille ames ; elle est entourée de plus de quarante monticules, mamelons ou coteaux, et la ville de Lons-le-Saunier est au pied. Du sommet de la côte, on découvre plus de cent villages et les plaines immenses de la Bourgogne.

entière peut être appelée à soutenir l'honneur de la Patrie. C'est alors que les nations étrangères chercheraient en vain à entraver la marche de notre régénération ; quelques digues qu'elles y opposent, elles n'y parviendraient pas.

« L'enthousiasme pour le maintien de nos institutions est si grand, si général, que jamais ces institutions, défendues par des cœurs français, ne sauraient être en péril. C'est donc pour atteindre ce but et pour remplir les intentions du Roi, que les autorités de cette ville sont chargées de vous remettre les canons qu'ici vous voyez.

« Plus ou moins exercées à leur manœuvre, vous auriez bientôt donné des preuves de l'usage que vous sauriez en faire contre nos enne-mis, s'il s'en présentait : pour bien servir la patrie et son Souverain, que faut-il de plus que du dévouement !

« Toutefois, une organisation plus régulière et mieux combinée dans les rangs des Gardes nationales devant avoir lieu très-incessamment, et ne pouvant qu'ajouter à leur force matérielle et morale, nous n'au-rons plus rien à craindre pour la paix intérieure.

« En adoptant ce principe, que le Roi et les Gardes nationales sont aussi inséparables que les mots LIBERTÉ ET ORDRE PUBLIC, les autorités garantiront à leurs concitoyens la sécurité qu'ils ont droit d'attendre d'un Gouvernement tout à la fois ferme et bienveillant.

« Dans cette conviction, il m'est doux d'avoir à consolider ce rappro-chement entre le Souverain et les Gardes nationales, en leur remettant encore, en son nom, ce drapeau, vrai signe de ralliement pour tous les bons français.

« C'est à l'aspect de ces trois couleurs que d'un pôle à l'autre nos armées ont été victorieuses, que nous avons reconquis nos libertés ; c'est en nous serrant autour de cet étendard que nous saurons les conserver aux cris répétés de VIVE LE ROI DES FRANÇAIS, VIVE LA LIBER-TÉ, VIVE LA FRANCE. »

$$(4)$$

Après ce discours, M. le Préfet déploie le drapeau, prie madame
TAMISIER, femme de M. le Maire, d'en attacher les cravates, et le
présente à la Garde nationale. Ce drapeau donne une confiance nouvelle à chaque citoyen ; il annonce la bonne harmonie du peuple et du
monarque : le porte-drapeau va se placer au centre de la ligne de
bataille.

M. le baron DE VERDIÈRES, maréchal de camp, commandant le département, adresse ensuite aux troupes l'allocution suivante :

« C'est avec un vif empressement, Messieurs, que j'ai répondu à l'invi-
tation qui m'a été faite par M. le Maire, de me réunir à la Garde
nationale de Lons-le-Saunier, pour la solennité qui la rassemble ;
heureux aujourd'hui, comme toujours, de pouvoir vous assurer de
nouveau du plaisir que j'éprouve à me réunir à vous aux jours de fête,
comme aux jours de danger ! pour le maintien de la tranquillité pu-
blique, comme pour la défense de la patrie.

« Votre devise est la mienne ! nos couleurs sont les mêmes ; et nous
les conserverons au péril de notre vie !

« C'est du fond du cœur, avec la franchise d'un vieux soldat à qui
les noms glorieux inscrits sur cette pyramide ne sont point étrangers,
que je m'écrie avec vous, fidèle à mon serment, VIVE LE ROI ! VIVE LA
CHARTE ! VIVE LA LIBERTÉ ! »

M. SECRÉTAN, ancien colonel de la garde impériale, commandant de
la Légion d'honneur, et commandant de notre Garde nationale s'exprime ainsi :

MES CAMARADES,

« A l'aspect de ces canons qui nous ont été confiés par un pouvoir po-
pulaire, et qui, en ce jour solennel, doivent pour la première fois faire
retentir l'écho de nos montagnes, j'éprouve aussi le besoin de verser
dans vos ames, les sentiments qui surabondent dans la mienne.

« Sortir des bornes que la franchise m'impose, couvrir ma pensée d'un fard complaisant, serait peut-être le moyen de plaire à quelques hommes méticuleux, à quelques personnes circonspectes ; mais un tel art est indigne de moi, indigne de vous qui, assez forts pour entendre la vérité, devez sympathiser avec ceux qui s'empressent, qui se font un devoir de la dire.

« Les moments sont difficiles, la patrie est menacée...., Contre elle s'agite un parti dix fois vaincu, et dix fois n'ayant reconnu la clémence qui l'épargne, qu'en fomentant des troubles, qu'en ourdissant des trames, qu'en combinant ses efforts avec les efforts de l'étranger, qu'en cherchant dans l'ombre à porter à la patrie, qu'ils n'ont que trop souvent blessée, un coup qui puisse enfin la frapper au cœur.

« Ces hommes lâches ! Ces hommes pervers !! ...... Qu'aux salves de cette artillerie citoyenne, qu'à ces sons répétés qui vont retentir au loin sur la Saône et dans le Jura, ils tremblent, effrayés de leurs projets, effrayés de leurs criminelles espérances.

« Qu'à ce bruit guerrier qui signale aujourd'hui une solennité toute pacifique, ils apprennent, qu'enfants de la patrie, dévorés d'amour pour elle, nous saurions nous conduire en soldats citoyens, eux qui peut-être en ce moment ne nous considèrent que comme des troupes de parade. Honte ! honte éternelle à ces ennemis de la France. Honte encore à ces êtres indécis, à ces hommes faibles qui sacrifient à la peur, leur divinité du moment ! Honte à ces hommes de toutes les couleurs, de tous les partis, de toutes les époques ; à ces hommes songeant toujours à eux-mêmes, rarement à la patrie, sachant s'ajuster, pour cadrer toujours avec les circonstances, Français, quand la France triomphe, Turcs ou Cosaques si leur intérêt l'exige.

« Pour nous, mes camarades, grandissons avec les circonstances ; resserrons de plus en plus les liens qui nous unissent à cette dynastie si riche de patriotisme, dynastie commencée par ce Roi-Citoyen que

nous avons élevé nous -mêmes sur le pavois; et qui est aussi nécessaire à la liberté, que la liberté est nécessaire à la France. Atta-
chons-nous à ces belles couleurs que le plus dégoûtant despotisme, la
plus ignoble tyrannie ont osé souiller, proscrire pendant quinze ans.
Surtout, n'oublions jamais que c'est de notre persévérance, de notre
courage, que dépend le repos de nos familles, le salut de la France,
et l'espoir du monde.

« Les événements se pressent; chaque jour peut amener des résultats nouveaux, des résultats immenses; mais la France est encore la
France; et nous ne devons ni de loin ni de près, craindre les barbares
du Don, quand la Pologne a osé et ose encore les combattre. Libres,
rien ne peut nous empêcher de l'être.

« Cependant, c'est la paix qui nous rassemble; elle règne encore;
et j'aime à me bercer de la douce espérance que ces bouches à feu
dont le bruit va bientôt étonner la côte de Montciel, ne gronderont
jamais que pour de joyeuses solennités.

« Mais si les dangers s'approchent, si le feu de la guerre qui brûle
dans le Nord devient un incendie général, si les coursiers de l'Ukraine
viennent se désaltérer dans le Rhin; alors votre chef, quel qu'il soit,
n'aura plus rien à exiger de vous; il se contentera de se montrer à son
poste, sûr que tout Garde national ne consultant que l'honneur, s'em-
pressera de payer sa dette à la Patrie.

« Marchons avec les événements; les Polonais nous prêchent d'exemple, et semblent en mourant nous léguer le triste devoir de les
venger.... Soyons donc comme eux prêts à tout sacrifier.

« La liberté est un fardeau peut-être, mais il est doux de le porter
quand on est digne d'elle. »

En ce moment, plusieurs gardes nationales des communes voisines arrivent en armes, tambour battant et enseigne déployée(*). Le silence est promptement rétabli ; alors, M. Tamisier, Maire de la ville de Lons-le-Saunier, s'avance et dit :

BRAVES GARDES NATIONALES ! mes compatriotes,

« Quel spectacle imposant se présente à nos regards ; qu'il est grand ce dévouement sacré que nous portons à la patrie ! Qu'elle est belle cette troupe formée par des pères, des fils, des amis qui se respectent et qui partagent les plus nobles sentiments ! malheur à celui que cette touchante réunion ne peut émouvoir, il n'est pas né français.

« Il y a quarante ans, sur cette côte, à l'âge de seize ans et demi, je m'enrôlai volontairement avec 700 de mes jeunes compatriotes. M. Vernier, l'un de nos grands citoyens, et de qui je découvre la demeure sur ce mont voisin, reçut notre serment de vaincre ou de mourir. Nous volâmes à la défense des frontières : dès lors l'univers a retenti du bruit des armes ; à peine cinquante d'entre nous ont-ils échappé aux combats, au temps, à nos révolutions ; mais nous avons tous vaillamment servi la liberté. Il est beau, il est glorieux de pouvoir se dire : j'ai rempli mes devoirs envers la patrie !

« Ce beau jour me dédommage de toutes mes peines ; il embellira ma vieillesse. Après quarante ans, sur ce mont sacré, je retrouve dans vos jeunes ames les sentiments généreux qui animaient les nôtres en 92.

« Au bruit d'une nouvelle guerre qui nous menace, vous éprouvez tous un saint frémissement de diriger contre l'ennemi ces fusils que vous avez reçus, ces canons que le Monarque vous a confiés ; vous brûlez tous

___

(*) Les communes qui se font remarquer dans cette réunion, sont celles de Macornay, Courbouzon, Vernantois, Conliége, Perrigny, Montmorot, Panessières, le Pin, Montain, les députations des villes de St.-Amour, Orgelet, Clairvaux, Bletterans, et une foule d'autres communes.

de marcher sous ce drapeau tricolore que M. le Préfet vient de vous remettre.

« J'en jure par votre courage, braves Jurassiens, les ennemis seront vaincus. Le partage de notre territoire, arrêté par les despotes, ne s'effectuera pas. La Franche-Comté, l'Alsace et la Lorraine, ne tomberont pas dans le lot de l'Autriche. Ces trois provinces réunies suffiraient pour repousser l'agression étrangère : que ne feront - elles pas, secondées par cette belle France, l'ornement et le modèle des peuples civilisés !

« J'en jure par ce feu sacré qui consume tous les cœurs français, au premier coup de canon tiré des bords du Rhin, tous les partis, toutes les nuances d'opinions disparaîtront pour faire place à l'amour de la patrie. Nous serrerons nos rangs, nous croiserons le fer ; oui, braves jeunes gens, vous prouverez aux Rois de l'Europe que vous êtes les fils et les descendants des vainqueurs de Fleurus, d'Arcole, de Marengo, d'Austerlitz et d'Iéna. S'il le faut, vos magistrats quitteront l'écharpe pour ceindre l'épée ; ils partageront vos périls ; il combatteront à vos côtés ; et la France sera long-temps encore le pays des arts et de la gloire.

« Que ceux qui hésiteraient à défendre une si belle cause, quittent nos rangs ; qu'ils nous laissent à nous seuls le soin de les défendre ; tout ce que nous leur demandons c'est de n'ourdir aucune trame perfide contre nous, c'est de ne pas diriger leurs armes contre des frères : quand les moments du danger seront passés, nous les recevrons au milieu de nous ; généreux et bienfaisants, nous partagerons avec eux les fruits de la victoire ; mais qu'ils restent Français, et qu'ils n'aillent pas déshonorer ce nom sublime en tendant une main sacrilège à l'ennemi.

« Que ce beau jour soit une époque mémorable pour nous, mes chers compatriotes. Nos riants coteaux, nos fertiles vallées, les plaines immenses de la Bourgogne ne seront pas souillées une troisième fois par la présence des peuplades du Danube et du Borysthène ; le Cosaque impur ne viendra plus piller nos campagnes , insulter à nos femmes , à nos enfants , et soumettre les braves habitants de nos montagnes au traitement avilissant des esclaves.

« S'il en était ainsi, nous aurions cessé de vivre, et nous aurions teint de notre sang ces riches contrées que le soleil éclaire et que nous contemplons aujourd'hui avec tant de plaisir.

« Les Grecs et les Romains, les peuples de l'antiquité ont eu des époques admirables ; mais jamais des événements aussi grands que ceux qui se préparent n'ont figuré dans l'histoire. Il ne s'agit plus aujourd'hui de combattre pour l'élévation ou la chûte d'une famille , pour les limites d'un état, pour le changement ou l'abrogation de quelques systèmes politiques ; il s'agit de combattre pour la liberté du monde : notre cause est celle des Polonais , des Belges , des Italiens , de tous les peuples. Nous ne prenons plus les armes pour conquérir , mais pour affranchir le genre humain.

« Le jour où la France entière prendra les armes , sera un jour d'allégresse générale : l'univers fera des vœux pour nos succès, et chantera en chœur la Parisienne et la Marseillaise.

« Jusqu'ici, le despotisme a dirigé la guerre contre les nations ; aujourd'hui, les nations plus éclairées retournent la guerre contre le despotisme : il est impossible de résister à ce mouvement imprimé par quatre mille ans de servitude.

« Quels prodiges n'enfante pas l'amour de la patrie, mes concitoyens ! voyez se presser au tour de vous ces bons, ces braves habitants des campagnes ; ils viennent partager votre joie, ils viennent tous jurer de partager vos périls ; portez vos regards sur les montagnes qui vous entourent , voyez tous leurs sommets couronnés de ce drapeau sacré , emblème de nos libertés ; partout des cris d'allégresse, par-

tout des hymnes guerriers. Braves Jurassiens, avez-vous jamais joui
d'un spectacle aussi ravissant ! les pères, les mères, les vieillards ;
les enfants se groupent autour de vos bataillons ; ils placent leurs
espérances dans votre valeur : que faut-il de plus pour enflammer
des Français ! la patrie, la liberté, les dames qui embellissent cette
fête, tout est d'un bon augure pour le succès de vos armes, pour vous,
braves Gardes nationales, pour vous, soldats de toutes armes, à qui la
France doit, depuis huit mois, l'ordre et la tranquillité, et à qui elle
devra bientôt son salut.

« M. le Préfet, M. le Général, c'est à votre administration, à vos
talents militaires que sont confiées les destinées de notre département;
si l'ennemi vient nous attaquer, nous suivrons vos sages conseils, et
vous nous aiderez à sauver le Jura.

« Et vous, Colonel, commandant notre Garde citoyenne, nous
sommes allés vous chercher à la campagne comme un autre Cincinnatus;
votre sang a coulé sur vingt champs de bataille ; vous devez regarder
avec orgueil cette colonne sur laquelle sont retracés les hauts faits auxquels vous avez pris part. Nous vous avons chargé de diriger nos frères,
nos amis, nos enfants : en marchant sur vos traces, ils sont sûrs de
voler à la victoire.

« Jeunes Canoniers, mes concitoyens, c'est avec la plus vive émotion
que je vous remets vos lances ; en acceptant ces lances, vous contractez
le noble engagement de verser votre sang pour la défense du pays. Souvenez-vous de ne jamais tirer vos canons que pour la cause sacrée du
peuple et du Roi, cause inséparable tant que la Charte sera une vérité.

« Et vous, braves Compatriotes qui avez quitté vos familles pour
prendre part à cette réunion fraternelle, reportez au sein de vos communes les scènes de joie et de bonheur dont vous avez été témoins.

« La Patrie ne nous aura pas en vain donné des armes ; si les ennemis
se présentent, nous nous rallierons tous sous ce drapeau tricolore que

le Monarque nous a donné ; nous marcherons ensemble, et nous combat-
trons jusqu'au dernier soupir pour protéger nos montagnes.

Vive le Roi ! vive la Liberté !

M. Ménardi, lieutenant, commandant la garnison, termine par le
discours suivant :

MESSIEURS,

« Sourd aux vœux précoces des Français, le Gouvernement n'a pas
cru devoir encore rouvrir le temple de Janus ; ainsi, malgré la vue de
ces glorieux trophées, la fête qui nous rassemble aujourd'hui ne peut
avoir pour but, comme celles qui se faisaient aux beaux jours de nos
victoires, de célébrer les triomphes de nos armées, mais elle atteste
du moins que rien n'est négligé pour leur assurer de nouveaux succès,
dans le cas où un odieux despotisme oserait attaquer nos libertés.

« En effet, Messieurs, organiser les citoyens, armer leurs cohortes,
donner par des mesures énergiques, une attitude imposante à la Nation,
doivent être les premiers soins d'un Gouvernement sage et éclairé. Il
appartenait au Roi-Citoyen que la France a choisi, de justifier ainsi la
confiance des Français, et de fonder l'affermissement de son trône et
le maintien de notre indépendance, sur un déploiement de forces
propres à paralyser les projets insensés des despotes. Que pourrait
cependant toute cette puissance matérielle, sans la combinaison des
forces morales ? Privés de ce merveilleux ressort, son action ne pro-
duirait que des résultats éphémères. Le Magistrat dont j'aime avec
vous à proclamer le civisme, l'a parfaitement senti ; et la solennité qu'il
donne à l'inauguration d'un drapeau dont les couleurs réveillent tant
de souvenirs de grandeur et de gloire, et des pièces d'artillerie confiées
à la Garde nationale du Jura, pour la défense de ses frontières, est
bien digne de son esprit éclairé ! Puisse cet exemple être imité dans
toutes les villes du royaume ; car c'est dans les assemblées populaires,

sagement dirigées, que s'entretient le feu sacré du patriotisme. Eh !
qui ne sait que l'amour de la patrie est le plus ferme soutien des em-
pires ! L'enthousiasme de cette vertu sublime enfante des prodiges.....
Que cette vérité nous rassure sur l'issue de la lutte barbare que le
tyran du Nord a engagée contre un peuple généreux auquel nous devons le titre de frère. Dans l'impuissance de lui prêter un autre appui,
joignons à son admirable énergie nos vœux pour son triomphe. Des
Français doivent faire davantage, sans doute, pour les descendants de
l'immortel Kociusko ! Espérons donc que le temps n'est pas éloigné
où, pénétrés des véritables intérêts des Nations, les hommes d'état qui
régissent nos destinées, mettront en œuvre des moyens plus efficaces :
alors, n'en doutons pas, Messieurs, à l'affranchissement de la Pologne,
succédera la liberté des peuples qui se sont levés à notre exemple.
La France doit surtout cette juste réparation à celui contre lequel,
en 1823, un Gouvernement infâme, dont les journées de Juillet ont
fait justice, dirigea sans pudeur nos baïonnettes fratricides.

« Le poste du péril que la Garde nationale a généreusement sollicité,
sera alors revendiqué par l'armée de ligne, qui, fière de votre appui,
se croira invincible. La victoire d'ailleurs pourrait-elle être incertaine ?
Les bannières de nos ennemis sont Déception, Despotisme, les nôtres
seront toujours Loyauté, Courage, Liberté.

« Messieurs, les fêtes patriotiques doivent être des fêtes de famille.
C'est pénétré de ce sentiment comme du bon accueil et des témoi-
gnages d'affection que mes camarades et moi avons reçus de vous, et
dont nous sommes heureux de pouvoir vous exprimer notre reconnais-
sance, que je me suis senti encouragé à prendre la parole au milieu
d'une population à laquelle, dans cette circonstance, nous ne devons
pas craindre de paraître étrangers.

« Vive la Patrie ! Vive le Roi ! Vive la Liberté ! »

Entre chaque discours un roulement de tambours se fait entendre,
et les musiciens exécutent un air patriotique.

Une salve de seize coups de canon répétés par les échos de nos montagnes, annonce que les discours sont terminés ; alors les troupes rompent le carré, et vont se ranger en bataille derrière une vaste tente destinée à recevoir les autorités.

En ce moment, on remarque avec une agréable surprise, que le drapeau de la liberté domine les sommets des montagnes circonvoisines sur lesquelles l'œil découvre aussi des groupes nombreux, réunis autour des drapeaux qu'ils ont élevés, se livrant à la joie, répondant aux chants guerriers de Montciel par de bruyantes acclamations, et répondant à nos canons par des décharges de boîtes et des mousqueteries. Jamais fête n'a été aussi agréable et aussi touchante : une population entière, disséminée sur cinquante montagnes, chante en cœur la Parisienne et la Marseillaise.

Après quelques évolutions militaires, le colonel SECRÉTAN fait défiler les troupes et l'artillerie devant les autorités ; les différents corps mettent ensuite leurs armes en faisceaux, et vont se former en petites réunions pour prendre leur repas.

Trente commissaires, choisis par M. le Maire parmi les jeunes gens de la ville, rivalisent d'égards et de politesse envers les dames et les militaires de la ligne ; ceux-ci sont invités par les Gardes nationaux à partager leur repas champêtre ; et bientôt la côte est couverte de groupes joyeux qui offrent un heureux mélange de personnes de tous les âges, de tous les sexes et de toutes les conditions.

Le vin pétille dans les verres ; les visages s'épanouissent de plus en plus ; et les voix mâles et sonores de nos guerriers se mariant à des voix douces et harmonieuses, portent dans toutes les ames un charme indéfinissable.

Par intervalles, les canons annoncent les divers toasts portés par les autorités. 1er toast, par M. le Préfet : au Roi ! 2e toast, par le Général : aux Gardes nationales ! 3e toast, par M. le Maire : aux armées françaises et à la liberté que leur patriotisme et leur courage garantissent à la Nation.

Le repas est achevé : la foule circule joyeusement. De toutes parts les danses et les rondes se forment ; là, se trouve encore cet admirable mélange que l'on remarquait, il y a quelques instants, dans les groupes gastronomiques. Les militaires de la garnison sentent et apprécient les soins dont ils sont l'objet ; nos vives et jolies Lédonéennes se mêlent avec grâces, dans des danses légères, aux défenseurs de la patrie, et acceptent, à la promenade, un bras qui leur est offert avec toute la galanterie d'un soldat français,

En avançant au milieu de la côte, on éprouve un vif mouvement de surprise et d'intérêt, en découvrant une petite ville improvisée : les rues du Capitole, des Pyramides, du Kremlin, de Lisbonne aboutissent à la place du Peuple ; ces rues sont formées par des tentes qui contiennent des restaurants, des cafés et des hôtels portant les noms de Lafayette, de Salverte, de Mauguin, de Manuel, de Foy, de Wagram, d'Austerlitz, etc. ; le café Lafayette est rempli d'une brillante jeunesse, joyeuse et animée.

Partout on rencontre de nouvelles preuves de la prévoyance de notre excellent Maire : de distance en distance, on voit une affiche portant ces mots : *Avis. Dans les fêtes pabliques, chaque citoyen doit veiller au maintien de l'ordre.*

Combien il est fâcheux que la nuit s'approche ! Que ne peut-il durer éternellement ce jour fortuné qui éclaire un peuple de frères, qui se termine sans avoir vu commencer une seule rixe, une seule dispute ! En vain les sommets des montagnes voisines sont-ils couronnés de feux de joie ! nous sommes dans une demi-obscurité, notre commandant ne l'oublie pas, car on bat le rappel, les canons retentissent seize fois, et chaque soldat retourne à son poste en chantant l'hymne des Jurassiens que notre Maire a composé, et qu'il a fait distribuer aux troupes avant le repas ; en voici la copie :

HYMNE DES JURASSIENS.

Rappelons, Francs - Comtois, notre antique
énergie,
J'entends le signal des combats ;
Déjà de tous côtés, pour sauver la patrie,
Accourent nos jeunes soldats.
Voyez du sommet des montagnes
Descendre nos anciens héros ;
Ils quittent leurs fils, leurs compagnes,
A l'aspect de leurs vieux drapeaux.

Francs-Comtois, courons à la gloire !
Ne comptons pas nos ennemis :
Nous aurons pour nous la victoire
Si nous marchons toujours unis.

Que pourraient contre nous ces cohortes d'es-
claves
Armés, conduits par la fureur ?
Dans leurs rangs incertains, le nom seul de nos
braves
A déjà porté la terreur.
En vain tous les Rois de la terre,
En vain leurs nombreux bataillons
Viendraient nous déclarer la guerre,
Les peuples sont pour nous : marchons !

Francs-Comtois, etc.

Nous n'accablerons pas d'une indigne vieillesse
Et nos femmes et nos enfants :
Mont-Jura, retentis de nos cris d'allégresse,
Tu nous reverras triomphants.
Est-il une cause plus belle ?
Francs-Comtois, faisons le serment
De combattre et vaincre pour elle,
Ou de mourir en combattant.

Francs-Comtois, etc.

Accourez, vieux soldats du Rhin, de l'Italie ;
Venez vous mettre dans nos rangs ;
Faites briller ce fer qui sauva la patrie
Des ennemis et des tyrans.
Montrons tous à l'Europe entière
Qu'il est encor de vrais Français :
Nous ne rentrons dans la carrière
Que pour y conquérir la paix.

Francs-Comtois, etc.

LIBERTÉ ! que ta voix guide notre courage ;
Marchons, l'ennemi nous attend ;
Il vient nous imposer les fers de l'esclavage :
Amis, en avant, en avant !
Pour l'honneur et pour la patrie
Faisons tous un dernier effort ;
Marchons : eh ! qu'importe la vie ?
Le brave survit à la mort.

Francs-Comtois, etc.

Le signal du départ étant donné, les troupes descendent la côte avec le plus grand ordre, prennent le chemin de la ville, et y entrent en chantant la Parisienne et la Marseillaise. L'enthousiasme est général; les enfants mêmes le ressentent; eux aussi chantent les airs patriotiques.

Nous voici sur la place de la Liberté : les fenêtres sont illuminées et pavoisées de drapeaux tricolores. Après avoir mis la colonne en bataille, le commandant fait rompre les rangs, et bientôt le silence qui règne dans la ville n'est interrompu que par le pas mesuré des vigilantes patrouilles de la Garde nationale.

Puisse cette fête agréable et fraternelle, qui a duré deux jours, nous ramener tous les ans la joie et la liberté !

LONS-LE-SAUNIER, IMP. DE COURBET, FILS AÎNÉ.